일출

이승하 · 윤승천 등단 40주년 기념 2인 시집

일출 日出

이승하 · 윤승천 지음

건강신문사
www.kksm.co.kr

이승하

자서自序_우정의 역사도 어느덧 40년 • 11

1부 밤을 잊은 그대를 위하여

밤에 먹는 알약 • 14
심야통신 • 15
미치도록 자고 싶노라 • 16
탁상시계에게 • 18
밤의 군대 • 20
서울, 고가도로에서 레퀴엠을 • 22
사하라사막에서의 하룻밤 • 24
사막의 밤 • 26
오래된 돌 • 28
출근길 만원 지하철에서 • 30
불면증 환자의 넋두리 • 32
죽음의 자리 • 34
살아 있으니까 우리 모두 • 36
은하계에서 울다 • 38
떠돌이별과 나 • 40

2부 꿈꾸는 별에게 바침

별똥별을 보며 • 44
별을 죽이다 • 46
이카로스의 노래 • 48
화산 폭발하다 • 54
밤의 기지 • 57
밤을 연구하다 • 61
밤을 창조하다 • 66
별과 별 사이의 거리보다 • 76
부활하는 새들 • 79
시간의 그림자를 찾아서 • 82
카메라 • 84
꿈꾸는 별을 향하여 • 88
서울, 자정 이후 • 92
야간 항해 • 95
꿈꾸는 별들은 괴로워한다 • 97

■ 후기_우리가 등단한지도 어언 40년 • 100

윤승천

자서自序_부초浮草 혹은 부표浮漂 같은 • 107

1부 일출日出

일출日出 • 110
솔바람 향내_경일문화 창간에 부처 • 111
동짓달 자정 무렵 • 113
가을 꽃 • 115
유일 신神 • 116
착각 • 117
유랑流浪 • 118
해빙 • 119
비천해도 너는 역사다 • 120
늦었지만 • 122

2부 고수부지의 추억

고수부지의 추억 • 124
늦은 오후의 한 때 • 126
이제는 보이지 않는 • 127

아래로 피는 꽃 • 129
20세기처럼 • 130
너나 내가 아니라도 • 131
우물 안 개구리 • 132
공손하게 엎드리다 • 133
기차가 다시 오면 • 134
쉬운 시詩 • 135

3부 내 청춘의 어느 하루

내 청춘의 어느 하루_하일군재래何日君再來 • 138
내 청춘의 어느 하루_나는 너를 모른다 • 139
내 청춘의 어느 하루_석주石柱 • 141
내 청춘의 어느 하루_너의 총애 • 143
내 청춘의 어느 하루_존엄한 너에게 • 145
내 청춘의 어느 하루_받을 수 없더라도 • 147
내 청춘의 어느 하루_느닷없이 • 149
내 청춘의 어느 하루_잘 가라 1991년이여! • 150
내 청춘의 어느 하루_함부로 말할 수 없는 • 151
내 청춘의 어느 하루_흔적조차 없어도 • 152
내 청춘의 어느 하루_나의 너는 • 153

■ 후기_묻고 답하다自問自答 • 154

이승하

자서自序

우정의 역사도 어느덧 40년

  1984년, 중앙일보사는 내게 시인의 관을 씌워주었다. 대학4학년 때였다. 그 신문사에서 내는 문예지『문예중앙』에서 같은 해에 대학 4학년 윤승천에게도 시인의 관을 씌워주었다. 우리는 다음해에 만나 시 동인 '세상읽기'를 결성해 동인지를 냈고, 우정의 역사도 어느덧 40년이 되었다. 등단 40년을 기념해 2인 공동시집『일출日出』을 낸다.

2024년 겨울에

李昇夏

1부

밤을 잊은 그대를 위하여

밤에 먹는 알약

쥐 죽은 듯이 고요한 이 밤에
알약을 먹는 이여
많이 아픈가
그렇게 잠이 오지 않는가
이런 밤이면 고흐가 귀를 자른 이유를 알 것 같다
횔덜린이 미쳐버린 이유를 알 것 같다

밤에 혼자 술 마시는 이여
사랑에 빠진 자는 고통 겪게 되어 있다
밤에 홀로 담배 피우는 이여
괴로운 이는 사랑하게끔 되어 있다
그리고 알약을 먹는 이여
그대의 심정 조금은 안다고 말할 수 있네
그대처럼 나 지금 깨어 있으니까

날이 밝으면 잠들 수 있으려나

심야통신

또다시 밤이야
홀로 있는 것이 견디기 힘들어
스마트폰을 드는 그대여
문자메시지를 적는 그대여
이메일을 보내는 그대여

밤이 다 가도록 통화되지 않을 때
문자를 보지 않을 때
피 흘리지 불면중 환자인 그대
잠 오지 않는 밤이 얼마나 긴지
함께 있으면 금방 갈 이 밤이

밤이 깊어지면 더 또렷해지지
정신 맑아지고 귀가 더 크게 열려
자리에서 일어나 불 밝히면
그대는 방향타 잃은 난파선
어디로 조난 신호를 보내야 할지

미치도록 자고 싶노라

뚜벅뚜벅 밤이 걸어오는 소리가 들려
밤은 결코 서두르는 법이 없지
왜 잠이 오지 않는 것일까
왜 난 밤과 잘 사귀지 못하는 것일까
낮잠을 안 잤는데 커피를 안 마셨는데

낮 내내 깜짝깜짝 놀라면서 보냈는데
끝끝내 오지 않는 잠이
내 목을 조르고 어깨를 짓누르고

몸 밖으로 달아난 잠이
나를 자꾸 불러낸다 같이 놀잔다
깜빡 잠이 들면 거의 언제나
강렬하고 생생하고 무서운 꿈

꿈꾸다 소스라치게 깨어나면 축축한 등

후유 다행이다 꿈이었구나

그 뒤로 다시 오지 않는 잠

이러다 밤을 꼬박 새우게 되면?

두통이 새벽안개처럼 몰려오고

온몸이 젖은 걸레처럼 늘어진다

다리가 근질근질

긁고 싶다… 참다못해 세게 긁는다

그 다음엔 배가 근질근질 고환도 근질근질

다리에 쥐가 나 뻣뻣해지기도 한다

목이 말라 또 물을 마시고

화장실 불을 켜면

거울 속 내 몰골이 저승사자 같다

지금이 도대체 몇 시지?

탁상시계에게

초침 소리 울리며
너는 이 밤에 어디로 가고 있는가
계속해서 1초 후, 1초 후로?
영원히 미래로, 미래로만?
무엇을 믿기에 확신에 차서
그렇게 앞으로
앞으로만 걸어가느냐

미래가 어떤 세상인지
너는 알고 있는지?
체세포 복제를 통해
2세를 얻을 수 있는 세상
기계가 만나게 해준
정자와 난자의 결합체가
인큐베이터에서 무럭무럭 자라는 세상,
그 세상에도 부모 형제가 있을까?

결혼이 무슨 의미가 있을까?

밤이 깊었다 잠자고 싶다
네 이놈 무정한 탁상시계야
매 순간 현재는 미래가 되고
과거의 모든 것이
와르르 허물어지고 있단다
사람을 복제할 수 있는
집요한 집념의 시간이
너를 지금껏 또박또박
뒤따라온 것 아니냐

밤의 군대

이동하고 있다 밤의 군대
헤드라이트 불빛에 눈을 번뜩이는 완장, 계급장, 훈장
밤의 군대는 막강하다
집단이 집단을 무너뜨리자면
막강하고 거대해야 한다 철의 군대 기갑사단
힘의 집중은 밤에 이루어지게 마련
은밀하게, 일사불란하게, 그리고 사주경계!

돌도끼가 창검으로 바뀌는 동안
창검이 총검으로 바뀌는 동안
총검이 미사일로 바뀌는 동안
피는 강을, 시체는 산을 만들었다
후송되는 부상자들이 괴로워 신음 토하는 밤
밤이 제 스스로 아프다고 한다
퇴각하는 패잔병들이 무어라 뇌까리는 밤
밤이 제 스스로 지쳤다고 말한다

개개인이 외로운 밤에도
집단이 최면에 걸린 밤에도
군대는 행동을 개시한다
야간 각개전투 야간 화생방훈련 야간 사격훈련
밤이면 행군하고 낮에 잠드는 군대
밤이 군대를 훈련시키고 있다
저 어두운 힘의 근원인 밤

서울, 고가도로에서 레퀴엠을

레퀴엠
카오디오의 볼륨을 한껏 높인다
2024년의 봄-대한민국의 수도 서울
스카이라인이 누르께하다
미세먼지와 황사가 함께 덮친 날
화장지를 뽑아 누런 코를 풀고
창문을 닫는다 밀폐된 공간에
나 지금 음악과 더불어 있다 사뭇 장중하다

레퀴엠
사망자 명단에 나 한 번도 없었지
퇴근 무렵에 백화점이 무너지고
출근 시간에 다리가 끊어지고
지하철이 한참 멈춰 서고 고시원에 불났을 때
나 십중팔구 차를 몰고 있었을 것이다
서울에서 차를 몬다는 것은

난간 없는 고가도로를 질주한다는 것
그러나, 집이 있고 직장이 있고
대학동창이 있고 단골술집이 있는
수도 서울을 벗어날 수 없어
나 오늘도 핸들 잡고 아슬아슬 곡예한다

레퀴엠
얼마나 많은 넋이 이 도시를 떠돌고 있을까
시야에는 검은 아스팔트와 잿빛 시멘트 벽체
미세먼지와 배기가스가 채색한
저 누르께한 하늘에 검붉은 노을이 내려
하늘 또한 장엄한 색조
별이 길 헤매는 또 하나의 밤이 오고 있는데
나 아직 살아 있으니 서울서 버텨보겠다
줄이지 않겠다 카오디오의 볼륨을
여기서는 줄일 수 없다 차의 속도를

사하라사막에서의 하룻밤
-2007년 2월 2일에서 3일까지의 밤

저 하늘을 가득 메운 별의 수를 헤아릴 자 누구인가

밤새도록 멀리서 여우 우는 소리가 들린다 배가 고픈가
먹고 먹히는 일이 계속되는 사하라사막
배를 채우지 않으면 눈이 뒤집히는 생명체들
낮에는 모래와 태양, 밤에는 별과 달밖에 보이지 않지만
칼과 피, 유한과 무한이 공존해 왔다

모든 것이 무로 돌아가는 이곳
인간 인식의 세계를 넘어선 이곳에서
우리 일행은 모두 침묵하였다
미켈란젤로의 〈천지창조〉 앞에서는
아! 한마디 감탄사 후에 침묵할 수밖에 없듯이

동이 터 오고 있다 하늘을 촘촘히 메우고 있던 별들이
한꺼번에 사라진다
별들이 사라진 하늘 한 귀퉁이에다
태양을 분만하는 우주의 근원
얼마나 아팠으면 온 하늘 온 사막이 다 핏빛일까

모래산이 와르르 무너진 여기서 나는 하룻밤 사이에
비움을 배웠다 그리하여
매일 저녁 태양이 지평선 너머로 쓰러지듯이
말도 낙타도 나도 때가 되면
모래알갱이 속으로 사라지리

우주의 끝이 어디인진 알 수 없지만
이 사막은 끝이 있다
내 목숨의 끝이 있음을 확실히 알게 되었다

사막의 밤
-홍은택 시인에게

태양이 없는 사막은
그래도 견딜 만합니까
태양이 없는 사막에서는
잠시라도 눈 붙일 수 있나요
여행자의 눈을 멀게 했던 신기루도
캐러밴의 혼을 빼앗아갔던 모래바람도 없는
사막의 밤

사막의 밤, 하늘에는
사라진 별을 대신한 인공위성이
아주 많이 또렷이 빛나고 있습니다
수직으로 떨어지던 별똥별을 대신한 비행기가
꼬리를 반짝이며 밤하늘을 횡단하고 있습니다
인공위성과 항공기가
먼 곳의 소식을 전해주고

인류의 사랑을 전파하고
세계의 평화를 지켜주나 봅니다

제 가슴에서 물기가 사라지고 있습니다
도시의 선인장이 된 시인이여
사막이 점점 넓어져 도시를 뒤덮고
바다가 보이는 언덕의 무덤들을
차례로 덮을 것입니다
이곳은 모래의 출생지 모래의 무덤
푸르렀던 지구가
노랗게 변하고 있지만
아직은 그래도 견딜 만합니까
오늘 밤엔 낙타 곁에서
꿈 없는 잠 한번 잘 수 있겠군요

오래된 돌

바람 이렇게 차니
낙엽 더 많이 떨어질 것이다 노인네들
문 안에서 숨 거두어 문 바깥으로 우르르
나설 것이다 첫 추위를 못 이기고
나 또한 금방 그렇게?

산사에는 밤이 빨리 깃든다
돌을 깎아 만든 저 상像은
도대체 몇 년이나 저 자리에 놓여 있는 것인가
내 몇 대조의 할애비가 살던 시절에
만들어진 것인가
하 많은 세월의 비바람과 눈보라에
닳고 닳아 날카로움 다 버리고
무뎌질 대로 무뎌져 없는 듯이 있는
저 조형물의 알 수 없는 무게

만지면 우툴두툴한 돌에 지나지 않지만
내게 말한다 단단해야 한다고
바람일랑 웃어넘길 수 있고
빗물일랑 흘려버릴 수 있다고
독경 소리 멎어도 내 귀에 들리는
돌의 잔잔한 소리, 산의 긴 여음

점퍼의 지퍼를 끝까지 올리지만
마음과 달리 몸 푸르르 떨린다
에라, 이런 밤도 있는 것이다
나는 아예 돌에 기대어
밤하늘의 축제를 웃으며 맞이한다
하산 길은 한결 가벼울 게다

출근길 만원 지하철에서

달려온다 굉음으로, 빛다발로
눈을 희번덕거리며 달려온다
우리 모두 표정이 없다가
누가 스치면 눈살을 찌푸린다

하느님 앞이든 옥황상제 앞이든
우리를 데려가는 저승행 열차
몹시 빠르고 거의 정확하다
아주 가끔 고장도 나긴 하지만

문이 열리면 들어서는 이웃사촌
게슴츠레한 눈길, 간밤에 숙면을 못 취했는지
술이 덜 깼는지 눈썹과 눈썹 사이 삼지창
ㅇㅇ샴푸로 머리를 감고 나오셨군

우리는 모두 저승길 길동무

먼저 승차하든 나중에 하차하든 꼭 붙어서 있다가
금방 헤어진다 언제 또 만나랴
이 이승의 눈부신 카타콤에서

불면증 환자의 넋두리

내 고통의 진원지에 네가 있다 잠
자고 싶은 잠, 잘 수 없는 잠
세상이 잠잠해지면 신경은 갓 잡힌 물고기의 비늘처럼 살아나고

잠들기 위해 온갖 방법을 다 써본다
술을 약을 목욕을 기도를
따뜻한 우유를 뜨거운 꿀물을
책도 읽어보고 수도 세어보고

전날 못 잤으면 다음날에는 졸음이 와야 하는데
아무리 바라도 잠은
신도 어떻게 할 수 없는 영역

잠을 좀 자야지 사람이 되지
뜬눈으로 맞이하는 새벽에는

드라큘라가 된다 피를 보고 싶다
메피스토펠레스가 된다 내 이 영혼을 팔아서라도

미네르바의 부엉이처럼
깨어 있어야 한다고 말하지 말라
나, 잘 생각을 잊어버렸다

죽음의 자리

나 그날 그 자리에 있었네
아홉 살의 어느 날 밤
때마침 할아버지와 나밖에 없던 집
내 눈앞에서 으으윽,
얼굴을 일그러뜨리며
입을 비틀며, 승하야…
하야… 무슨 말씀을 하실 듯
하실 듯 하지 못하고
고개를 휙, 옆으로 돌리고 만다

할아버지의 죽음에 대해
나 아무 말도 할 수 없었네
편안하게 돌아가신 것인지
고통스럽게 돌아가신 것인지
나 알 수 없었네 말할 수 없었네
나 그때부터 밤이 싫어졌지

잠을 자는 것이 무서워졌지
비명을 지르며 일어나면
땀으로 축축이 젖어 있는 요

내 임종의 순간에 대해
그때부터 완전히 사로잡혔네
아무리 옴치고 뛰어본들
그렇게 꼴딱 숨 거두게 됨을
알고 말았네 밤마다 꿈을 꾸면
내가 할아버지가 되어 병 깊은 얼굴로
고개를 획, 옆으로 돌리고
획 돌리고, 또 돌리고

나 그날 이미 죽어보았던 것
그때부터 덤으로 살고 있고
아직도 이렇게 살아 있네

살아 있으니까 우리 모두
-이산가족의 재회를 위하여

살아 있으니까 만날 수 있지
살아 있으니까 헤어질 수도 있지
살아 있으니까 상봉해 껴안을 수 있는데

함께 살았지만 오래오래 헤어져 산
동족이여 동시대인이여
남남북녀여 이산가족이여

새벽이여 어서 오너라
휴전선의 철조망에 맺힌 이슬방울
그대 눈동자의 눈물방울

중국을 통해 올라가 본 백두산
이 산의 절반 이상이 내 나라 내 땅이 아니라니
천지는 구름에 싸여 얼굴 한쪽만 빼꼼

마음의 분화구에 용암이 들끓고
원망하는 마음에 활활 태운 밤도 있었다
단장斷腸의 아픔에 무릎 아픈 내리막길

살아 있으니까 사랑할 수 있겠지
보고 싶습니다 내 아비 내 어미
보고 싶구나 남의 자식들아 북의 자식들아

은하계에서 울다

내가 눈 맞춘 별이 있기에
밤이 내 것이 된다 밤의 숨결을 느낄 수 있다
잠을 뿌리치고 심야에 길 나서면
눈에 들어오는 것은 24시간 편의점
병원 응급실 혹은 영안실 간판
구매하리라 치료하리라 안식하리라

새로 태어난 별들이 밝게 빛나고
오래된 별들이 어둡게 빛난다
저 병원에서 태어난 생명 하나가
엄청나게 많은 생명을 아프게 하리
신생의 별이 첫울음 터뜨릴 때
막 숨 거두는 생명을 지켜보는 별도 있으리
갓 태어난 별과 늙은 별
병든 별과 죽은 별
상처의 색깔은 저마다 다르리

은하계에서는 모든 생명이
더 이상 고통을 참을 수 없을 때
새 생명을 출산한다 아픔을
더 이상 참을 수 없기에 태어난다
소용돌이 은하의 나선형 곡선
곡선을 수놓고 있는 이름 없는 별들이여
나 또한 태어났으니 너희들처럼
때가 되면 죽을 수 있는 것

그 어떤 벅찬 힘이 태초에 있었기에 은하
저토록 밝은 빛을 내뿜고 있는 것이냐
희미하게 반짝이는 몇 개의 별들 너머
1등성 2등성 3등성…… 저 광대무변의 하늘에서
태양보다 밝은 빛을 내뿜으며
숨져가는 별의 군단이 있음을 나는 안다

떠돌이별과 나

수많은 산을 넘은 새들은
피어나는 뭉게구름의 마음과
노동하는 태양의 끈기를 알 것이다
울음 울며 떠도는 별들은
우주의 넓이와
밤의 깊이를 알 것이다

멀다고 덜 반짝이는 것은 아니리
크다고 더 휘황찬란한 것은 아니리
저마다의 가슴에 지닌 별이
어떤 이에게는 불씨이며
어떤 이에게는 등대임을 안다
나한테는 이상한 광채를 발하는 안광 같은 것

굴절로만 이어진 어떤 생이 있더라도
밤이면 고개 한껏 젖힌 채 찌르르

가슴 떨리는 전율도 느꼈으리라
내가 나를 대면할 수 있는 시간
별만큼 나를 외롭게 하는 것 없고
밤만큼 나를 두렵게 하는 것도 없다

영원의 샘인 저 은하수에다
내 영혼 붙들어 맬 순 없으리
원컨대 이 도시에서 멀리 벗어나
이름 아는 별들을 만나보고 싶다
이름 모르는 떠돌이별 붙들어 작명하고 싶다
밤하늘의 서늘한 눈빛
내 넋에 더 또렷이 새길 수 있도록

2부

꿈꾸는 별에게 바침

별똥별을 보며

긴 꼬리를 끌며 사라지는 것들이 있다
또 한 명 인간의 죽음을 알리는 밤하늘의 불꽃

살아 있는 동안에는 꽃 못 피우다가
죽어가면서 마지막 빛을 뿌리는 존재

별똥별처럼 확실하게 살고 싶었다
폭력과 광기가 없는 세상에서

별똥별처럼 흔적 없이 사라지고 싶었다
공포와 전율로 충만한 세상에서

강풍 앞에서 꺾이지 않은 저 코스모스는
늘 밝은 얼굴이다 억지로 웃는 낯이다

주름 가득한 내 이마를 향해 질주하는

저들의 운명은 카오스

공간을 꿰뚫으며 시간을 초월하며 달려가는
저 별똥별들의 목숨은 유한하거늘

별을 죽이다

어린 날, 외갓집 마당 평상 위에 누워
밤하늘을 보았다 헤아릴 수 없는 별들이
한꺼번에 와르르 쏟아져 내릴 것 같아
공포에 질려 부르르 떨며 하늘을 바라보았다

경북 상주읍 화산리 외갓집의 뒷마당
하늘 향해 가지 쭉쭉 뻗은 감나무
앞마당 땅 깊이 한참 파 내려간 우물
밤이면 펼쳐지는 별, 천지의 별천지

수백 알 열리는 감보다 많은 별은
무슨 시름이 있어 저렇게 눈물 글썽이는지
우물에도 빠져 있는 수많은 별은
무슨 아픔이 있어 저렇게 떨고 있는지

내 이마를 향해 달려드는 별들이여

어제 못 본 별이 오늘 찾아올 때도 있지만
별과 별 사이는 늘 멀어지고 있었다
막내이모, 외할머니, 중간외삼촌 차례로 돌아가시고

외갓집은 갈 때마다 상갓집
나와 죽은 이들 사이엔
별들 사이만큼이나 넓은 공간과
광년보다도 긴 시간의 터널이 생겨났다

발인 전날 밤에 하늘을 보았다
나 별 없는 하늘 이고 살아왔구나
별 하나 안 보이는 사막의 길을 걸어왔구나
하늘 무서운 줄 모르고 별을 무시하면서
그예 별을 내 마음속에서 죽이면서

이카로스의 노래

빛이 있으라 하니 빛이 있었다

심판의 날이 다가오는 한 세계의 끄트머리에서 나는
나를
내 집을
가족과 직장
아무 데도 쓸데없던 지식과 정보
애증의 갈피에서 부대끼던 삶
그 모든 사슬을 끊어버리고
코로나 한가운데 구름인 양 떠 있는 저 프로미넌스
prominence처럼
대장장이가 쇠를 벼리듯
내 영혼을 가장 밝은 곳에서
태워보고 싶었다… 성화^{聖火}
부활의 약속은 언제 이루어질 것인가

눈 멀고 싶어
태양을 쳐다보았던 날이 있었다
욕정으로 들끓는 몸을 처형하고 싶었던
10대의 어느 날
처음엔 눈을 감았다가
실눈을 뜨고, 조, 금, 씩,
조, 금, 씩, 아아, 단 한 번도
눈을 화등잔만 하게 뜨고
태양과 대면한 적이 없었다
나를 허락한 적 없는 저 태양에서 출발하여
1억 4,960만㎞를 달려온 빛살
입자인 동시에 파장인
생명인 동시에 죽음인

경북 영천시 보현산천문대에 있는
태양플레어망원경으로 보았다 나는

나를 잉태한 조화옹의 타오르는 눈동자를
태양풍… 이글거리는 눈빛과
코로나… 펄럭이는 옷자락을
조화옹의 재림을 환호하며 박수하는
저 태양의 플레어flare를 보았다 하하!
지상의 한 점 티끌
36.5℃의 티끌로는 헤아릴 수 없는
빛의 근원, 에너지의 원천인 태양을 보면서 웃었다
웃다가 눈이 시어 주르르 흘리고 만 눈물
태양-빛과 눈-물의 만남

1천만 년은 도대체 어떤 시간일까
태양 중심부에서 발생한 핵융합 에너지가
표면으로 나와 빛으로 바뀌는 데는
1천만 년이 걸린다 한다
1천만 년… 수시로 욱신거리는 육신

몇 년을 더 살면 무기물로 바뀔까

태양계 바깥에서 유전流轉하는

저 무수한 별들과 더불어

몇 년을 더 안광 빛낼 수 있을 것이며

내 사후 몇 년이 지나면

저 태양 숨 거두게 될 것인가

수소를 다 태우고 적색 거성이 되어

…도끼가 이미 나무뿌리에 닿았으니

  좋은 열매를 맺지 않은 나무는 다 찍혀

  불 속에 던져질 것이다

  나는 너희를 회개시키려고 물로 세례를 베풀거니와

  내 뒤에 오시는 분은

  성령과 불로 세례를 베푸실 것이다…

12개의 관측 장비를 탑재한 위성 SOHO는
마침내 라그랑지안 지점*에 이르러
내게 알려주었다 태양의 내부를 모르겠다고
태양풍의 가속 메커니즘을 모르겠다고
코로나의 가열 메커니즘을 알 수 없다고

알 수 있는 것은 오직 하나
저 태양이 지금 춤추고 있다는 것
살아 있는 동안은 저 태양도 나처럼
춤추고 싶어 하는 존재라는 것

조화옹과 함께
조화옹의 눈앞에서 늘 들끓는
완벽한 우주宇宙인 하나의 몸으로
춤추며 부활할 수 없는
아니, 부활할 수 있는

유일한 태양, 너를 향해 날아가리
밤의 권능을 제압하는
저 태양에서 뿜어져 나오는 에너지
어둠이 낳은 저 수많은 별들과 더불어

지상의 모든 빛이 꺼질 때 나는 타오르리

* 라그랑지안(lagrangian) 지짐 : 지구에서 150만km 정도 떨어져 있는, 태양과 지구의 인력이 똑같은 지점.

화산 폭발하다

왜 기다려왔는지는 알 수 없는 일
왜 기나긴 어둠의 시간을 곱씹으며
꽃샘바람과 장대비, 추풍낙엽과 눈보라를
견디어왔는지는 내 알 수 없는 일
밤안개와 새벽 서리, 아침 이슬까지도

꽃뱀 기어가는 산등성이마다
무한량의 비, 바람, 햇빛
아니, 신神의 땀과 입김과 눈빛으로 쑥쑥 자라난
나무들이 있었다 한다 산이여
그대 숨소리 저 산자락에서 들은 이
틀림없이 있었을 게다 신의 숨소리까지도

입 헤벌린 채 헐떡거리고 있다
그 속에 넘칠 듯 넘칠 듯 넘실거리는
빛의 피/피의 불/불의 혼―그 삼위일체

용트림하다 용트림하다 더 이상 못 참겠으면
내뿜어라 검은 입김을
사정하라 붉은 용암을

마침내 산은 불바다가 되고 불똥이 튀고
맹수들 일제히 하늘 우러러 포효하듯
쩌렁쩌렁 울리는 소리
산불 활활 타오르는 소리
폭죽 펑펑 터지는 소리
불의 폭포 소리 계곡을 뒤흔들어
밤을 불사르고 있다

아직은 젊은 지구
아둔한 이 머리로 네 나이 헤아릴 순 없다만
신의 나이테인 저 산이며 바다
내 2024년 신년 벽두에 불의 산을 보았으니

거꾸로 선 느낌표 되어 눈시울도 뜨겁다

어제까지만 해도 휴화산이었던 그대
어둠을 짓부수고 일어난 활화산이여
신의 요란한 불꽃놀이여
땅에 뿌리내린 내 육신 마구 떨려도
대기권 바깥의 저 모든 빛은
빛나려고 우주의 질서를 지키고 있었던 것

밤의 권능은 이제 시작인가
비로소 끝나려 하는가
마침내 터진 화산
검은 입김 내뿜으며
피 철철 흘리고 있다
나는 태양에서 1억 4,960만km
이 온난해져 가는 혹성에서
신의 처절한 외침을 들을 수 있다

밤의 기지

지구상의 한 도시가 떨고 있다
우한武漢 1,100만 인구가 갇혀서 떨고 있다
철조망도 장벽도 없지만 무방비도시*
아니, 바이러스가 통치하는, 바이러스가 시장님인

만리장성의 중국 진시황릉의 중국 속수무책의 중국
이 거대한 대륙을 무지막지한 무게로 짓누르는 밤
붕정만리… 북쪽 바다에 사는 물고기의 이름은 곤鯤이다 국가 곤란이다
곤이 변해 새가 되었는데 그 새의 이름은 붕鵬이다 통치 붕괴다

붕의 크기가 얼마인지 모르지만
한 번 날개를 펴면 큰비 오기 직전처럼
하늘이 온통 검게 변한다 태양을 가리는 검은 날개

한 번 날갯짓하면 구만 리를 날아간다

포고령… 각자 알아서 목숨을 지키시오
위수령… 도시 밖으로 나갈 수 없소
금지령… 집 밖에 나오지 마시오
휴교령… 등교하지 마시오

붕이 하늘을 덮자 고약한 냄새가 불어온다
붕이 하늘을 날며 똥을 떨어뜨리자 집들이 파괴된다
떨어진 깃털 하나가 열 채 이상의 집을 덮는다
그 깃털의 구멍 사이로 앰뷸런스가 달려간다

이윽고 확진의 밤이 온다 우한牛漢이 하늘 한쪽에서
파르르 떨고 있다 편작扁鵲도 화타華佗도 없지만

이 도시에 리원량이라는 의로운 의사가 있었다

'더 이상 불법행위를 저지르지 않겠다'는 내용의 각서를 썼다

그는 감염되었다 이 도시의 참상을 알리고 싶었지만
도시의 환자들을 살리고 싶었지만… 그는 죽었다
약이 필요한데 약이 없다
마스크가 필요한데 마스크가 부족하다

의사가 환자가 된 병원, 침상이 동난 병원
이 도시의 화장장은 24시간 가동되고 있지만
줄줄이 들어오는 남녀노소 부모형제의 시체
기다리는 동안 썩는다 장례식 같은 것은 일절 없다

무서운 전염 속도다 마주 보고 말을 하면
손을 잡으면 밥을 같이 먹으면 아아 등 돌리는 세계
21세기의 세계대전이 시작된다 바이러스와의 전쟁

이 밤에도 기적은 이루어지지 않고 하늘은 기척이 없고

* 이탈리아의 로베르토 로셀리니가 감독한 영화 제목. 1945년 작.

밤을 연구하다

1

어둠이 별을 만들고 있다

2

의식이 돌아오지 않고 있다 밤이 오는데
출혈이 멎지 않고 있다 밤이 가는데

3

내가 만들어 띄워 올린 별이
누구의 밤을 지키고 있을까
밤이 아니면 볼 수 없는 것들이여

4

오는 동안에 빛을 다 잃어버린
이름 없는 별들이여
이제는 내게로 와 모습을 보여다오

내가 찾는 별은 늘 있는 듯 없었으니

5

나 아직 인간이기에

밤이면 별을 찾는다

밤하늘의 별들이 다 어디로 쓸려갔나

식구 하나 가슴에 묻고 온 밤에 별을 본다

나 지금도 별 아래 사는 인간이기에

6

금성이여

너를 보며 죽은 사람의 수가 몇일까

북극성이여

네 기운을 받아 태어난 사람의 수가 도대체 몇일까

어두운 자궁, 우리는 모두 밤의 신하로 태어나

어두운 대지, 밤의 세계로 가 한꺼번에 순장된다

7
창문을 여니 한 개 별만이 영롱하다
내 수명에 비해 너의 수명은
1억 배인가 2억 배인가
내 몸무게에 비해 너의 무게는
1천억 배인가 2천억 배인가
내 두개골의 용량으로는 헤아릴 수 없는 것들이
창가로 와서 오늘도 눈깜짝이고 있다

8
달의 힘으로 물이 숨 거두고
별의 힘으로 불이 되살아난다
밤이 되어야 발작하는 자들이
세상의 예술품을 만들었으리라
밤이 되어야 발기하는 자들이
세상의 생명체를 만들었으리라

지금은 때마침 밤… 이때다, 팔팔하게
남아 있는 기운을 다 써 빛을 만들어야 한다

9
너와 나 사이가 아무리 멀지라도
너를 향해 비원悲願의 로켓 쏘아올리면
내 마음 너에게 전할 수 있으리라 믿었다
우주의 시작과 끝이 내 뜻이 아니듯
내 목숨의 시작과 끝도 내 뜻이 아니리
태어나면 늙어야 하고 늙으면 죽어야 하는
그 뜻을 알 듯도 하다
태어남과 사라짐은 모두 필연이라는 것
밤이 와야 달도 별도 빛을 낼 수 있다는 것도

10
수명 다한 별 하나가 밤하늘에서 사라지면

뒤이어

새로운 별이 탄생하는 것이 하늘의 이치일 테니

내 죽으면 마땅히

다른 시인이 태어나 별을 노래하리

세상의 모든 별은 떠돌이별, 스스로 빛을 낸다고 해

어찌 붙박이별이라고 할 수 있으리

천구상天球上에만 붙박여 있을 뿐

내 것인 양 입 맞추었던 숱한 별이여

이제 너 가고 싶은 대로 가라, 쉬고 싶으면 쉬도록 하렴

밤을 창조하다

1

밤이 왔다
저 속 모를 어둠의 향기를 맡고 싶다
우리는 모두 밤에 만들어진 음지의 자식들
태양을 등지고 울다가 웃다가
(태양이 우리를 살리고 있는 것도 모르고)
다시금 어둠 깊은 곳으로 달려간다
아침 오기 전에 다 사라진다

2

철새들 다 떠나간 하늘에
청백색 시리우스 홀로 빛나고 있다
풀벌레도 다 죽고 없어 정적에 휩싸인 겨울밤
이 밤을 돌봐주고 싶어 고수련하고 고수련하다 보면
밤 깊은 가슴을 베고 누워 편안한 잠도 잘 수 있겠지
나 태양계에서 단 하나뿐인 초록 혹성에서 이 밤에

하늘을 본다 망망대해 같은 하늘의 별이 말해준다
네 남은 수명이 얼마든 간에 안 아픈 날보다 아픈 날이 많을 거라고
태어난 時만큼 중요한 것이
의사가 선언하는 죽는 그 時라고

3
내 인생에 단 한 번
유성우 쏟아지는 밤이 있었다
경남 거창 표성흠 선배의 농장에 갔을 때
밤 깊은 시각에 대취하였다
나무 밑에서 방뇨하고 고개 들었을 때
별의 폭우, 쏟아지는 별과 별을 헤치고
내 몸이 두둥실 떠올랐다
반쯤 감긴 내 눈 속으로
유성우 순식간에 쏟아져 들어와

몸을 꿰뚫고 마음을 난타하였다
황홀경에 몸 떨다 눈물 흘렸다
내 눈에서 쏟아져 내리는 유성우
땅에 떨어져 싹을 틔웠다 나는 별이 되었다

4

춤추는 별을 향해 달려가고 싶다
스스로를 태워 빛을 내는 별들이
언제부터 저렇게 춤추기 시작했을까
나와 너를 변화시키는 춤
새로운 삶을 가능케 하는 춤
춤을 통해 거듭나는 무수한 저 별 아래
나는 태어나고, 늙고, 병들고, 죽는다
내 태어난 날 하늘 구석에 몰려섰던 별들이여
내 임종의 순간에도 몰려와
한 인간의 생과 사를 증언해다오

너희들은 무엇을 바라 또 어디를 향해
춤추며 빛 뿌리며 달려가고 있느냐

5
밤이다 중대병원 응급실의 내 아버지
아프니까 밤새 신음하는 것이리
신음밖에 할 수 없어 신음하는 것이리
아버지 신음 자장가 삼아 들어야 할 이 밤에
잠은 십리 밖으로 달아난다

밤이다 중대병원 2인 병실의 내 아버지
나도 아버지처럼 밤이면 아파했지
칼바람 부는 벼랑 끝에 서 있다는 느낌이었을 때
 물에 빠져 허우적거리다 기운 죄다 빠져버린 느낌이었을 때
 나오는 것은 신음뿐

밤이다 중대병원 중환자실의 아버지
둘러보면 다 죽어가는 환자들뿐
신음으로 세상과 교신하는 환자들뿐
통증마저 느낄 수 없는 이 밤에는 우리 모두
혈혈단신孑孑單身인 것을 사고무친四顧無親인 것을

6
나 밤의 자식이야
어슴푸레한 자궁 속에서 자랐지
손가락 발가락 꼼지락거리다
외부의 충격에 놀라 사지를 떨다가
어머니의 배를 걷어차기도 했었지 발작적으로

나 자궁 안에서 이미
알코올과 니코틴의 세계를 알았지

눈부신 세상에서 살아가기를 오래 꿈꾸었으나
태어난 적 없는 내게 바깥세상은 암흑세계
빛이 보이는 곳으로 나아가고 싶어
언젠가는 이 밤도 끝나겠지만
기다려도 기다려도 벽이구나, 사방

7
구금된 이들이여 독방에 구금된 이들이여
차단된 이들이여 자유로부터 차단된 이들이여
밤이 잉태한 사생아들이여
어둠이 출산한 유복자들이여
이 밤이 지나면 희뿌옇게 동이 터야 할 터인데
밤의 끝이 또다시 밤일 때
어둠의 변두리가 여전히 어둠일 때
우리는 만기 출옥한 죄수처럼 두리번거려야 하는가
눈을 감고 가만히 있어야 하는가, 시방

8

한밤에 목말라 일어나 보면
옆에서 숨 쉬고 있는 아내와 자식
코를 골기도 하고 잠꼬대하기도 하고
몸부림치기도 하는 만성 질환의 가족
(가족은 하나같이 슬픈 가죽이지)
측은한 마음으로 내려다보다
이불을 끌어올려 주고 베란다로 나가면
풀벌레 소리 아카시아 향기
살아 있는 것들이 나를 섧게 한다

앓는 것으로 살아 있음을 증명하는
저 끔찍하게 많은 생명체들
밤이 포옹해 하나하나 위로하고 있는 것을 보면
알 것 같다 저 별들도 늙고 병들어
언젠가는 암흑의 세계로 들어가는 이치를

알 수 없다 별들의 무덤인 블랙홀 속
빛조차도 중력의 끌어당김에서
벗어나지 못하는 까닭을… 가족같이

9

눈발 퍼붓는 겨울 오대산
길은 지워져 보이지 않지만
상원사에서 서북쪽을 향해 걷는다
발에는 아이젠 손에는 하켄
천지에 가득한 눈, 눈발
눈보라 속에서 눈사람 되어
사자암 머리맡 적멸보궁에 이르렀을 때
순식간에 눈발이 그치고
서서히 하늘에 그려지는 천구좌표
저렇게 많은 별만큼이나
참 많은 이 추풍낙엽 되었으리

높다란 저 구룡폭포에서
참 많은 생명 숨 거뒀으리
고구려와 신라의 싸움터
허물어진 이 아미산성에서

10
별이 초롱초롱 열리니 음악소리 들려온다
밤하늘의 음악에 반응하는 것은
짝을 찾아 우는 풀벌레들
짝을 잃고 통곡하는 사람들
사람들은 가장 맑은 눈물을 준비한다

내 늘 원했던 한 여인이
마지막 숨 몰아쉬다 눈감은 밤
어둠은 이불처럼 주검 하나 덮어준다
포근한 밤하늘에서 희미하게 들려오는

음악 소리 점점 커져 우주가 전율한다

사수자리의 별도 헤라클레스자리의 별도
도시의 하늘에선 떠오르지 않지만
해가 진 뒤에야 울기 시작하는 새여
날개 펴고 보아라 7월의 별자리를
그중 밝게 반짝이는 별을 향하여
목숨을 불살라 너는 지금 비상하라

별과 별 사이의 거리보다

아파서 저렇게 빛나는 별
스스로 타올라 빛을 내지만
밤하늘의 어둠을 밝힐 수는 없다

너와 나 사이의 거리가
별과 별 사이의 거리보다 멀다고 느껴질 때가 있다
그럴 때면 어둠의 깊이 아래 찌를 던지고
고기 걸려들기를 기다리는 낚시꾼이 되지
우리는 결국 시간에게 먹히니
낚는 것이 아니라 낚이는 것

별을 헤아리는 것이 불가능하듯
내가 살아갈 날을 세는 것은 불가능하다
밤 깊어 가는데 잠이 오지 않을 때
컴퓨터에서 눈을 떼고 창을 열어본다
도시의 밤하늘은 전체적으로 뿌옇고

별이 보이지 않는다

십 백 천 만 억 조 경 해…
인간이 만들어낸 수數로도 헤아릴 수 없을 정도로
별은 많지만 우주의 밤은 늘 어둡다
팽창하고 있기 때문
어디로부터 시작하여 어디론가로 팽창하고 있지만
어찌 알랴 어디까지 갈지 언제까지 갈지
이 작디작은 태양계의 작디작은 혹성에서

벤틀리의 역설도 올베르스의 역설도 풀 수 있지만
너와 나의 거리가 너무 멀어 우주가 어둡다
고체(석탄)가 빛이 되고 액체(석유)가 빛이 되는데
입자인가 파장인가 물질인가 운동인가
가시광 영역의 별들은 파장이 길어져
적외선 영역으로 들어가 버리니

그런 적색편이赤色偏移 현상 때문이니

우리 각자가 별이 될 수밖에 없다
스스로 타올라 살아가고 죽어가고
타오르다 장엄하게 폭발하는 저 별처럼

부활하는 새들

예감으로 눈뜨는 새들이 있다
바람을 잠재우고, 어둠을 쪼고 있는 새의 무리
하늘이 죄다 저희들 것이다
앞에서 이끄는 우두머리 새를 따라
12사도같이 따르는 새의 편대
새의 편대를 따르는 이스라엘 백성 같은
저 생명, 생명, 생명체의 떨기

새벽의 끝이 아침이 아닐 때
육지의 끝이 바다가 아닐 때
글쎄, 이제는 이 지구의 종말이 가까이 온 것 같다
고갈된 힘의 원천들, 세상은 온통 잿더미 혹은 쓰레기더미
무덤 들어설 곳 없는 공원묘지 너머로
새들이 힘차게 날아가고 있다
저희가 가는 길을 아는 자들은

천둥 번개 속에서도 전율하지 않는다 절망하지 않는다

별의 행로를 따르지 않는 자에게
한 옛날 선지자가 말하였다
딸을 팔아넘기고 아들한테 죽으리라고
형제를 죽이고 부모한테 버림받으리라고
한 옛날 신의 아들이 말하였다
사람의 아들을 배신하고 은화 30냥에 나를 팔아넘기리라고

유사 이래, 인간은 무기를 개발해왔고
새들은 하늘을 지켜왔다
엄동설한에도 폭풍전야에도 날개를 퍼덕이며
공장 굴뚝 검은 연기를 뚫고 화산 폭발 붉은 연기를 뚫고

먼 북녘 하늘로 무리 지어 사라진 새들
계절이 바뀌자 또다시 나타난다
죽었다 다시 태어난 것인가
또다시 하늘을 채우겠다는 듯, 힘찬 군무 저 날개로
일제히 춤을 춤으로써
자신의 존재를 가장 확실하게 증명한다

유사 이래, 땅을 지배해온 인간의 무리
석탄도 고갈되고 석유도 동나고 원자력을 믿었다가…
삼삼오오 모여 하늘 우러러보며 울고 있는데
장엄하다, 새들이 그리고 있는 저 하늘의 연속무늬
하늘의 색깔이 바뀌고 있다

시간의 그림자를 찾아서

킬링필드 언덕에도 꽃이 피고 있으리
한 세기를 같이 넘긴
동시대인이여 사해동포여
우리는 같은 시간에
같은 달, 같은 별을 보았다
같은 시간에 묵념을 하곤 했다
100년 동안 갖다 묻은 인명의 수를
신인들 다 헤아릴 수 없으리

시간을 재며 사는 이들이여
내 너무 오래 살았다면
내 생의 남은 시간을 카운트다운하라
시간 앞에서는 겸손할 필요도
교만할 필요도 없으리
출발 시간을 안다고 하여 내가
도착 시간을 모른다고 하여 네가

100만 년 전에 죽은 생물체의 나이도
완벽하게 잴 수 있다는
방사능탄소연대 측정법
그러니 정직하게 기록해야 하는데
아, 42.195㎞를 제일 빨리 달린 사람의
땀방울이 적신 땅의 넓이를 모르듯
우리는 전사자와 생존자의 수를 모른다

몸의 시간과 마음의 시간이 같지 않듯이
어제의 시간이 오늘의 시간과
어찌 같을 수 있겠는가
시간의 그림자 점점 짙어가는 2024년의 초입
광장의 시계탑 아래서 이 밤에
우리는 보이지 않는 시간을
기만하고 있는 것은 아닌가… 지금

카메라

1. 카메라
네 앞에서는
'진리'나 '진실' 같은 낱말을 쓸 수 없지
너 자신이 거짓과 술수의 도구니까

피범벅을 이룬 사건 현장을 찍는 너는
민완한 형사의 눈을 가질 수도 있겠지만
대체로는 지독히 냉담하지
돈 안 되는 사업에는
돈을 빌려줄 수 없다고 딱 잘라 말하는 은행처럼
너는 너무 큰 권력을 갖고 있는 게 아닌가?
네 능력은 충분히 인정하지만 말야
서슬 시퍼렇던 시대, 독재에 항거하는 데모대 앞에서
너는 늘 눈을 번뜩이고 있었지

스톱! 나한테 카메라를 들이대지 마

냉담할 뿐 아니라 너는 잔인하잖아
은밀한 장소에 숨어 감시의 눈초리를 빛내는
너의 이름은 몰카… 감시의 수단, 처벌의 수단
그림자의 감옥에다 간수를 둘 필요가 없지

어디를 가건 반드시 만나는
카메라, 인간이 만든 도구 중에서
너보다 더 무서운 것을 나는
알지 못한다 사진이 쫙 깔리면 나는, 내 인생은
그날로 끝장이다

2. 카메라맨
사람이든 사물이든
갖고 싶을 때 사진 찍는다
훔쳐보고 싶을 때 사진 찍는다

기록하고 싶을 때, 오래 기억하고 싶을 때
서터 누른다

불안할 때 사진 찍으면 마음 편안해지고
꿈꾸고 싶을 때 사진 찍으면 꿈꿀 수 있다
나는 카메라맨
내 눈 속으로 카메라 렌즈 속으로
과거와 미래가 한꺼번에 들어온다
글라스 속에서 춤추는 박테리아도
은하계 밖에서 폭발하는 별도

3. 암실에서
완전한 어둠이 빛을 만든다
찬란한 빛이 어둠을 빚는다

4. 사진

사진을 찍음으로써

무소불위의 권력을 가질 수 있다

무한대의 욕망을 해결할 수 있다

거짓말을 참말로 믿게 할 수 있다

결혼사진… 미래의 행복을 꿈꾸게 하고

가족사진… 현재의 화목을 확신하게 한다

이 모든 것을 단번에 뒤집어엎을 수 있는

사진!

꿈꾸는 별을 향하여

　최전방 GP 고지에서 경계근무 서면서 별을 보았던 젊은이들은 안다 길고 긴 휴전 중에 골란고원 시나이반도 사해 근처 포성 들으며 별을 보았던 젊은이들은 알 것이다 쉴 새 없는 전쟁 중에 저마다 다른 꿈을 꾸는 수많은 별이여 광년의 거리보다 먼 남과 북, 전방과 후방, 혹은 전장과 고향집

　고향에 가면 어머니가 기다리고 계신가
　살아 돌아오기를, 살아만 오기를
　따뜻한 포옹 따뜻한 스프 따뜻한 이불
　이곳의 별빛은 차가워 다들 떨고 있다
　그곳의 별빛은 포근하였다
　전쟁터에서 죽은 사람의 수가 저 별의 수보다 많진 않겠지
　꿈꾸는 별은 괴로워 스스로 몸에 불질러
　저렇게 빛나고 있는 것

중학교 때 물리 선생님은 137억 년 전에 모든 것이 시작되었다고 빅뱅 이래 별의 역사가 시작되었다고 말씀하셨다 그대 군복 입은 지 137일이 되었다 몇 명을 하늘나라의 별이 되게 했는가? 몇 명쯤 죽이면 무공훈장을 받게 되는가? 인간이 대륙간탄도탄을 만들어 핵무기를 실어 하늘 향해 쏘아 올릴 때 하늘은 모기 소리를 들을 뿐

아파해본 적이 있냐고 내가 묻지 말라
저 별을 향해 손을 내밀 것이다
지상에 가득한 부상병 전사자 전쟁광들아
에너지와 질량은 등가를 이룰 따름
다 수소와 산소, 분자와 원자로 돌아갈 뿐
저 별빛은 파동이면서 입자인데
왜 우리는 별의 화음에 귀기울이지 않나

마호메트가 알라로부터 계시를 받던 날 밤 하늘에는 초승달과 별이 나란히 있었다 붓다는 보리수나무 동편에 앉아서 새벽별 금성을 보고 깨달음을 얻었다 동방박사 세 사람 별이 인도해주는 대로 따라가 보니 아기가 탄생하였다 이름이 예수였다

　별은 반짝이는 게 아니지
　외치지 밤이면 밤마다 밤새도록
　지구 너 녹색 행성은 항성이 아니라고
　빛을 받아야 존재 가능하다고
　태양이 보내주는 빛이 없다면 너도 없다고
　은하 저 너머에 또 하나의 은하
　퀘이사Quasar도 멀고 케페이드 변광성capeid variable도 멀지만
　가깝다, 자신의 존재를 빛으로 증명하는 이들

북극과 남극대륙이 사라지고 새로운 섬들이 생겨나고 있다 쓰레기의 섬이 돌아다닌다 태풍과 지진과 쓰나미가 지구를 마구마구 들쑤시고 있다 인간이 인간을 돌보지 않고 성좌들의 메시지를 해독하지 않고 있으니 꿈꾸는 저 별은 괴로워하는 것

서울, 자정 이후

모든 하루는 최후의 하루인데
하늘은 다시 저녁노을이다
부지불식간에 어둠이 서울을 덮치고
집집이 불을 켜는 매머드 아파트 단지
식구들이 모여 저녁 먹는 집도
이불 들쓰고 누워 끙끙 앓는 독거노인의 집도
문은 다 닫혀 있다
너와 나 사이는
벽이 아니면 철문
손으로 깰 수 없는 두꺼운 유리문 아니면 쇠창살

이 세상 어디에
아프지 않은 동시대인이 한 명이라도 있을까
통증클리닉에 가지 않았을 뿐
아프니까 지금 우리 살아 있는 것
환락의 밤거리, 비틀거리며 소리 지르며

술판의 끝은 노래판 아니면 싸움판
심야가 대낮보다 더 밝은 도시

아픔을 잊기 위하여 그대
진통제를 먹는가 마약을 하는가
양주를 마시는가 춤을 추는가
세월을 아껴라 때가 악하니라*
지금은 다만 참고 기다려야 할 때
이 밤을 술 없이 약 없이 넘겨야 한다네

야심한 시각에
얼마나 많은 사람이 택시의 문을 열었을까
얼마나 많은 사람이 취해서 귀가했을까
얼마나 많은 사람이 성호를 그었을까
1000만이 넘는 서울 인구
꿈을 잊고 놀고, 잠을 잊고 공부하고

시험에 떨어지거나 시험 성적이 떨어지면
한강에 가서 투신하고 아파트에서도 떨어진다

빌딩들 사이로 별은 보이지 않는다
별을 대신한 대형 전광판의 불빛들이 눈부시다
기나긴 차량 기나긴 불빛 앞에 고개 떨구는 가로등들
동트기 전에 집 떠나는 자들과 집으로 돌아오는 자들
여기 서울의 하늘 아래 뒤엉켜 살아가고 있다

* 에베소서 제5장에 나오는 말.

야간 항해

이 바다의 이름은 망망해대
홋줄을 올리다 바라보면
바다에서 죽은 아비의 깊은 주름살 같은 수평선
아직은 저 너머에 무엇이 있는지 궁금하지 않아
간혹 뿌우뿌우 뱃고동 소리 끼룩끼룩 갈매기 소리
그리고 뱃전을 강편치로 가격하는 시퍼런 파도 소리
이런 소리에 홀려 매번 배에 오르는 것

바다의 발작을 잠재우려고
달이 해와 교대한다 별을 불러 모은다
그것들을 까맣게 채색하는 먹구름의 모양과 빛깔
세상은 오직 콜타르 빛 하늘과 더 까만 바다뿐인데
선장은 지금 코를 골고 있을 것이다
기관장은? 갑판장은? 요리장은?
마누라는? 애새끼들은?
자는지 노는지 알게 뭐람 난 여기 있는데

열흘은 더 가야 육지가 나온다
열흘 뒤에야 여자 머리카락에서 나는
샴푸 냄새를 맡을 수 있을 것이다
떠나는 그날도 가슴이 설레어 터질 것 같았는데
내 머리 위를 선회하는 갈매기 수가 늘면
잠자던 야성의 본능은 거의 넋을 잃고 만다
술 없어도 취할 수 있고 여자 생각만으로도 가슴 뛴다

알 수 없는 세계, 가본 적 없는 세상에 대한 꿈
저 태양과 바다가 함께 부르니까
별들이 파르르 떨며 날 부르니까
옛썰! 내 대답은 항해일지에 다 나온다
폭풍우가 끝나면 고요의 바다
망망대해 이 눈 시린 바다에 오면
아침노을과 저녁노을의 빛깔이 다른 걸 알게 된다

꿈꾸는 별들은 괴로워한다
-별의 일생

이유 없이 태어난 생명은 지구상에 없다
변종박테리아도 신종바이러스도
태어나고 싶어 태어나, 살고 싶어 살아가는 것
내 사는 아파트 단지 상공에서 빛나는 하나의 별
매일 찾아온 별을 이제 비로소 만나다니

내 어미의 자궁 깊은 곳으로의 기나긴 항해
애비의 정충에서 나는 출발하였다
너는 거대한 원시 성운에서 집단으로 탄생한다
수소를 태워 빛을 내는 너의 일생
수소가 소진되면 타고 남은 헬륨핵을 태워 빛을 내지*

스스로를 태워 빛을 내지 않으면 별이 아니듯
반짝이는 눈으로 밤을 밝힌 성현의 가르침 따라
나는 아집我執도 법집法執도 버리려 하였다

그것이 어려웠다 궤도를 따라 도는 것이
남에게 아무 피해도 주지 않고 존재하는 저 별처럼

한 끼만 건너뛰어도 배가 고팠다
하룻밤만 안 자도 절로 눈이 감겼다
아름다운 이성을 보면 꼬리치는 강아지가 되고는 했다
번뇌 망상은 언제나 입으로부터 왔다 음식으로부터 왔다
세 치 혀로 감언이설과 탐식을… 여인의 입술도 탐했지

팽창하면서 표면온도가 낮아져 붉게 보이는 별이여
내 피부도 탄력을 잃고 검버섯이 돋아날 것이다
치매가 올지 뇌졸중이 올지 암세포가 달려들지
죽고 싶지 않다고, 조금만 더 살고 싶다고

기도를 드려도 무심과 무념은 찾아오지 않고

저 태양도 많은 물질을 방출하며 초거성이 될 거다
더 많은 시간이 흐르면 백색왜성이 될 거다
인간 없는 세상이 올 거다 지구 사라진 세상이 올 거다
별이여 너는 초신성으로 폭발하면서 수억, 아니,
수십 억 배나 밝아진다고? 나는 그냥 죽어갈 참

가진 물질 다 방출하고 장엄하게 죽는 저 별 모양
나도 죽기 전에 한 번은 발광하는 순간이 오면 좋겠다
아무 흔적도 없이 죽어간 수많은 인간이여
이 녹색 행성에서 태어나 살았기에 나도 죽으리
꿈꾸는 별만이 괴로워하듯, 나도 괴로웠기에 사랑하였다

* 이것이 헬륨핵 융합반응이다. 이 기간을 거쳐 별은 노년기에 접어든다.

■ 후기

우리가 등단한 지도 어언 40년

1985년이었을 것이다. 의학전문지 기자로 사회생활을 하고 있던 윤승천 씨가 학교로 찾아왔다. 시 동인을 만들어 같이 활동하고 싶다는 것이었다. 자신도 작년에 계간 『문예중앙』의 신인문학상 수상으로 등단했다면서 생각해둔 다른 멤버의 이름을 댔다. 1983년 『문예중앙』으로 등단한 박세현, 1984년 조선일보·한국일보 신춘문예에 동시 당선된 오태환, 1985년 『학원』 신인상으로 등단한 원재길이 동의하여 5명의 '세상읽기' 동인은 1986년에 제1집을, 1987년에 제2집을 냈다. 그 무렵 열 번은 족히 만났을 것이다.

열정과 패기의 신예시인으로 시단과 평단의 주목을 받으면서 동아일보, 중앙일보 등 일간신문에 기사가 나고 조선일보에 시를 발표할 정도였지만 제3집을 내기가 쉽지 않았다. 바로 그 시점에 한 사람은 석사논문 쓰기에, 한 사람은 박사논문 쓰기에 매진하게 되었다. 다른 두 사람은 직장생활로 바쁜 나날을 보내게 되었다. 또 한 사람은 결혼해 번역일에 더욱 많은 시간을 할애하게 되었다. 특히 오태환 시인은 그 무렵 장시 쓰기에 몰두하느라 동인지에 실을 시는 쓰지 못하게 된 상황이었다.

'세상읽기' 동인 결성을 사실상 주도했던 윤승천 시인은 한동안 의학전문기자로 직장생활을 하다가 건강신문사를 직접 인수하여 신문 발행과 책을 출판하는 일을 하면서 자의반 타의반으로 시와 멀어지게 되었다. 몇 년 뒤에라도 다시 뭉쳐야 했는데 뿔뿔이 흩어져 각자의 생업에 종사하다 보니 간혹 서로 안부만 전하면서 세월을 보냈다.

올해로 우리가 등단한 지 어언 40년이 되었다. 윤승천 시인은 그동안 전문언론사 사주로 의학, 건강 관련 전문서적뿐만 아니라 문학, 교양, 스포츠, 취미 등 다양

한 분야의 책 수천 종을 펴낼 정도로 사업체를 탄탄하게 운영해 오고 있다. 2010년 무렵에는 문학서적을 중심으로 종합출판을 하는 자회사 케이엠(Km)을 설립했다면서 연락을 해왔다. 원고가 있으면 자신의 출판사를 이용해 달라고 했다. 그래서 시집 『나무 앞에서의 기도』, 시작법 책 『시, 어떻게 쓸 것인가?』, 평론집 『욕망의 이데아』, 산문집 『피어 있는 꽃』 『시가 있는 편지』 『한밤에 쓴 위문편지』 등 여러 권을 펴냈다. 『나무 앞에서의 기도』는 이 시집 한 권으로 그해 가톨릭문학상과 편운문학상을 연이어 받게 되었으니 이 또한 보통 인연이 아니다. 선연선과善緣善果라고 할까.

혈기왕성했던 20대 중반에 만났는데 60대 중반이 되었으니 세월이 유수 같다는 옛사람의 말이 맞다. 이번 2인 시집 간행을 계기로 외우 윤승천 시인이 시작에 몰두하기를 바란다.

이번에 정리한 30편의 시는 15세 무렵부터 앓아온 병 아닌 병 불면증이 쓰게 한 것이다. 잠을 영 못 이뤄 애를 먹은 경험이 있는 분들에게 이 시집을 바친다.

이승하

윤승천

자서自序

부초浮草 혹은 부표浮漂 같은

1

10년쯤 지나면 달라지겠거니 했었다. 넉넉잡아 20년쯤이면 충분하리라 생각했다.

어딘가에 뿌리를 내리고 무성할 정도까지는 아니라도 비틀거리지 않을 정도의 잎, 꽃은 피울 수 있겠거니 했었다.

그러나 10년은 고사하고 20년, 30년, 40년이 지나는데도 달라진 것도 변한 것도 없다.

부초 혹은 부표 같은.

언제나 유랑流浪은 끝날까
살아서 끝날 수는 있기나 할까?

2

  국가와 민족, 거대담론에게만 목숨을 걸거나 내줄 것인가.
  지조와 신념을 지키고 헌신, 충성을 다할 것인가.
  당신의 총애를 받는 것이 목숨 내놓는 일이라는것을 이미부터 알고 있었다.
  이 시집은 당신의 총애에도 발아래 무릎을 꿇지 못하고
  신호를 보내는데도 하늘을 물어뜯지못한데 대한
  회한의 기록이다.

  목숨은커녕 나는 비겁하고 우매했다.
  그러고도 감히 당신을 흠모하였으니.

2024. 11.

無爲寓居에서

尹承天

1부

일출 日出

일출 日出

그대가 우리에게 남긴
슬픔과 상처와
쓰라린 고뇌와 긴 고통
어느 한 시절
그대로 하여 우리에게 남은
사무치는 생애까지도
끝내 지울 수 없는
그대와의 한 시절일지라도
오늘 이 동해의
깨끗한 아침에 서서
용서하라!
또 용서하라.

솔바람 향내
-경일문화* 창간에 부쳐

아침마다 언덕길을 오르면
15세**의 풀잎 같은 그대가 있다.
우리들 청춘을 적시고 꿈을 감도는
영남산 51번지 향기 맑은 곳

산언덕 솔바람 길 서둘러 올라
훌훌히 마음을 털고 바람을 맞으면
아침 햇살 장엄히 그대 이마로 눈부시고
15세의 그대가 내뿜는 신비한 향내
하늘도 청명히 그대에게로 터지네

언덕길 땀과 정성으로 빛을 더하는 그대
지금도 1천 7백 솔잎 같은 소년들
도서관에서, 교실에서, 정구장에서, 운동장에서
배우고, 익히고, 치고, 달리며

웅비의 뜻 가다듬나니

그 함성, 열정, 향내 더불어

이웃과 사회를 적시고 한 나라를 가득 적시는 날

그대는 마침내 솟구쳐 제세濟世할지니

빛이여, 야망이여, 솔고*** 영광이여

아침마다 언덕길 오르면

15세의 초록빛 나이 그대가 있다

우리들 청춘을 적시고 꿈을 감도는

솔바람 신비한 향내 경일이 있다.

* 필자의 모교인 안동 경일고등학교 교지
** 개교 15주년
*** 경일고 별칭

동짓달 자정 무렵

　오거리 약국 앞 횡단보도 옆 가로등 아래서 자정 무렵 대파를 팔고 있는 할머니 때문에 나는 가끔 난처해진다 며칠 전에도 그러니까 동짓달 유난히 더 추웠던 날 횟집이 있고 노래방이 있고 주점, 고깃집, 빵집, 병원, 모텔도 있는 오거리 횡단보도 옆 가로등 아래 늙고 쭈글쭈글한 할머니는 빈 박스에 언 발을 집어넣은 채 웅크리고 앉아 "파가 얼마냐?"고 물어보지도 않는데도 지나가는 나를 끝까지 쳐다본다 그래도 나는 파를 사지 않을 터라 눈을 마주치지 않으려고 괜히 바쁜 척 지나치지만 하여간 난처하다 대부분 겨울밤에든 술에든 취한 오거리 남자들이 오가더라도 자정이 넘는 시간 대파를 들고 집으로 가지는 않는다 어느 날은 들어오는 길에 먹지는 않더라도 난처하지 않으려고 '대파 한 단을 사야지' 하고 마음먹고 오거리에 오면 그때는 또 할머니가 보이지 않는다 이천 원이나 삼천 원은 될 것 같기도 한, 한 번도 값을 물어보지 않아서 저 대파의 사연을 알 필요도 없고 알고 싶지도 않지만 그런데 동짓달 자정 무렵이면 별다른 약속이 없는 날에도 나는 왜 오거리를 지나가는지.

가을 꽃

 서울특별시 6차선 대로 편의점 앞 횡단보도 전봇대 아래 나이는 알 수 없지만 계곡 같기도 한 주름이 많은 허리 굽은 할머니 한 분의 채소 가게다 보도블록 인도 한 쪽에 불법이겠지만 합법인 듯 아침부터 저녁까지 몇 년째 고만고만 채소를 팔고 있다

 빨간, 노란, 파란색의 구멍 뚫린 작은 둥근 플라스틱 바구니에 남긴 내 주먹 크기 정도의 배추 한 두포기 2,000원 감자 몇 개 담긴 바구니 3,000원 호박 바구니 2,000원 푸른 고추 몇 개 바구니 1,000원 몽땅 다 해도 10,000원은 될까 20,000원쯤 될까

 21세기 서울특별시 6차선 대로 옆 할머니의 노상 채소가게 위에는 시절의 거대담론 현수막이 팽팽하다.

유일 신神

한사람이 죽었다 유족들은 울부짖고 망연하게 비통하다

그런데 누군가 다치고 아프고 암에 걸리거나 실패하고 죽어야 또 누군가 돈을 벌고
성공한다

내가 실패하고 무너져야, 절망하고 쓰라려야 다른 누군가 성공하고 일어서는
법과 제도 혹은 자본주의

너의 가난과 불행이 누군가의 성공이고 나의 성공, 행복이 너의 절망과 좌절 실패, 피눈물인 것을

아무도 돈이 전지전능한 유일 신神이라는 사실을 드러내놓고 말 못하는, 공생共生, 공존共存, 공영共榮이라고 배워 온 이 가식, 거짓, 위선.

착각

눈물이 눈동자에 맺히면 흐려지는 것은 단지 내 눈일 뿐인데도 마치 온 세상이 흐릿한 것처럼 착각한다 눈물이 앞을 가리면 나만 눈물에 갇힐 뿐.

유랑流浪

오거리에 서면
길은 사통팔달四通八達인데
나는…
갈 곳이 없다

동짓달 지는 해를 등 뒤로
칼바람만.

해빙

한 일주일* 집을 비웠다가 돌아왔더니
마당 귀퉁이며 담벼락, 대문 옆이며
이 악문 듯 얼어붙어 있던 얼음덩이들이
모두 녹아내렸다

내가 없어도
주인이 있건 없건
저 스스로 저렇게 녹을 수 있는 것을

삶의 빙벽도
어느 순간 저렇게 녹을 수 있겠구나
얼음덩이처럼 이 악물지 않더라도
살아갈 수가 있는구나

* 2010년 1월 필자는 간암 수술 때문에 1주일 정도 병원에 입원했었다.
** 2009년 말과 2010년 초 기록적인 폭설과 한파로 세상이 며칠간 꽁꽁 얼어붙었다.

비천해도 너는 역사다

왕의 일상만이 역사가 아니다
궁궐이나 명문가의 고택
정승의 생애만이 유산이 아니다

비천한 백정이나 추노, 망나니
머슴과 하인, 하녀의 하루도
유산이고 역사이다

아비가 왕족이 아니라도
재상이나 장군이 아니라도
어미가 왕비, 정승의 부인이 아니라도
나는 너를 기억할 것이며
비루하고 천한 너의 하루지만
역사로 기록할 것이다

남루한 초가

찬물에 말아먹는 보리밥 한 그릇이더라도
우리가 기억해야 할
세상의 반석이다.

늦었지만

참으로 늦었지만 안부를 전합니다 문자와 카톡, 이메일의 21세기에 손 편지 혹은 20세기의 시로 마음을 실어 보냅니다. 평강平康을 기원드립니다.

2부

고수부지의 추억

고수부지의 추억

흐르는 물가에 서서
강물이 무어라 하는지 들어 보거라
무슨 말을 하는지
어떻게 속삭이는지
소리치는지
화를 내고 분노하는지

너의 내력(內歷)이나
내생(來生)이거나
그것들은 굳이 말하지 않아도 된다
너는 그저 강물이 뭐라 하는지
듣기만 하거라

강물이 흐른다고 뭐라 할 것 없고
흐르면 그만인데 하면서
무시하거나 외면할 것도 없다

혹 누군가 핏대를 세워도
목소리를 높이고
눈썹을 치켜세우더라도
너는 가만히 듣기만 하거라

너가 생각하는 것 보다
훨씬 많은 사람들이
저 강물의 깊이를 위해 잠들어 있고
이따금 물소리로 환생還生하여
너를 기다리기도 한다.

늦은 오후의 한 때

정든 것들을 떠나보낸다
정들었던 것
잊을 수 없는 것들 또한
잊혀지지 않는 것들과
익숙하지 않아도
멀어진다
어색하고 낯설어도
잊을 수 없는 것을 잊고
멀어질 수 없는 것들과
떠나간다
잊고 버리고 멀어진다
결코 지을 수 없는
지워지지 않았던 것들을.

이제는 보이지 않는

내려가는 길도 있었어
너무 오래 모르고 살았다
나만 모르고 있었는가
오르는 길만 있는 것이 아니라
내려가는 길도 있다는 것을
알려고 조차 하지 않았어

처음부터 오르는 길만 찾았고
내려올 일은 없는 듯
내려오지 않아도 되는 듯
내려가는 길은 애초부터 잊어버렸다

오르기도 하고 내려가기도 했으면
훨씬 쉬웠을,
오르락내리락 했으면
아무렇지도 않았을

처음부터

내려가는 길도 있었는데

내려가는 길이 이제는 보이지 않는다.

아래로 피는 꽃

생각해보니 아직도 버리지 못하는 것이 너무 많다
지우지 못하는 것 잊지 못하는 것도 너무 많다 여전히 버리지도 지우지도 잊지는 더더욱 못하는

이를테면 아래로 피는 꽃 같기도 한 콩꽃이라든가 등꽃이라든가
아무것도 아니어야 하는데 텅 비우거나 텅 빈 것조차 없어야 하는데 40년쯤은 지난 것 같은데도 시인이랍시고 버리지도 비우지도 잊지도 못하고.

20세기처럼

편의점 앞에서 20세기처럼 주저앉아 있으니 21세기 지나가는 사람들마다 한 번씩 쳐다본다 안보는 척 하면서 '힐끔' 멀쩡해 보이는 '노숙자'인가 하는 듯하다 가끔은 사람들의 발아래 앉아 있다 보면 낮은 곳에도 익숙해지며 별로 불편하지도 앉아 이렇게 꾸부정하게 편의점 앞에 앉아 있다 20세기처럼.

너나 내가 아니라도

  너가 다 할 수 있을거라 생각하지 마라 다 해결하고 다 이룰거라 다짐하지 말거라
  너 앞의 누군가가 이루지 못한 일을 너가 이루며 살아가듯 너가 이루지 못한것들을 또 너 뒤의 누군가 이루며 살아갈 것이니 너 앞이나 너 뒤의 누군가처럼 이루지 못한 것들을 이루어 가고 그래도 이루지 못한 것들은 그대로 남겨두면 된다 이루거나 이루지 못했거나

  너나 내가 아니라도 먼지든 바람이든 비와 햇볕 돌멩이든 그것 그대로 있을 자리에 있다.

우물 안 개구리

지는 법을 모르면
지고는 살 수가 없지

실패하는 법을 모르면
실패하고는 살수가 없어

이기는 법만 배우고
성공하는 법만 집착했으니

억울하고 분하고 원통해서

살다보면 질 때도 있고
실패할 때도 있는데…

공손하게 엎드리다

고개를 숙여보니 발아래에도 세상이 있었네 고개를 더 숙일수록 허리를 더 굽힐수록 발아래에도 흙이 있고 물이 있고 길도 있고 나는 알 수조차 없는 더 넓고 깊은

너의 발아래 무릎을 꿇고 공손하게 두 손을 모으고 엎드리면,
세상이 환하다.

기차가 다시 오면

　너만 생각해도 넘치는데 벅차오르는데 너무 많은 다른 생각을 하면서 살았어
　너무 많은 꿈을 가졌었고 너무 많은 것들을 기억하였다 너무 많은 말을 하였고
　너무 많은 것들을 소망하였다

　기차가 다시 올 때쯤 너무 많았던 것들을 떠나보낼 것이다.

쉬운 시詩

 감정을 슬쩍 조작하고 적당히 절제하기도 하고 적당히 긍정을 쓰다 힘도 기름기도 적당히 빼고 적당히 인간에 대한 희망 믿음도 넣다 적당히 애매모호도 버무리고 적당히 표현을 비틀고 난해도 끼워 넣고 적당한 상징, 직유, 비유, 은유, 적당히 초현실도! 사랑도 욕망도! 적당히 거대담론도!

 이렇게 쉬운 시詩를 나는 도무지 왜 40년이 되도록 제대로 쓸 수가 없는지.

3부

내 청춘의 어느 하루

내 청춘의 어느 하루
-하일군재래何日君再來

이맘때 쯤 꼭 올 거라는

그대를 기다리면서

… 30년이 흘렀다

何日君再來*

그대는 언제 다시 오려나

이맘때 쯤…

나는 또 그대를 기다린다.

*1940년대 중국의 항일전쟁을 배경으로 1993년 양가위, 매염방이 주연한 홍콩영화.

내 청춘의 어느 하루
-나는 너를 모른다

"당신이 나를 알면 얼마나 알겠느냐"며
너는 다시 검사劍士가 된다

그래 나는 너를 알지 못하지
어찌 알 수가 있겠느냐

"아니다, 알지 않겠다"

너는 천 천 히
칼끝을 다시 꽂는다
이루지 못할수록 인연은 아름다워라
칼끝이 겨누어질 때마다
통곡도 꽃이 되는구나
무지와 미움도 피가 되는구나

한 번에 급소를 찔러주면 좋겠지만
고통이라도 덜게 해주면 그나마 다행이겠지만
나는 너를 모르지 않느냐
어찌 알 것이겠는가.

내 청춘의 어느 하루
-석주石柱

나는 너가 시키는 일이면 뭐든지 한다
나는 너가 좋아하는 일이라면*
묻지도
따지지도 않고**
한다
너가 시키는 일이면
좋아하는 일이라면

누군가를 '죽여라'해도
나는 한다

그 누군가가 '나'여도
나는 너가 시키는 일이라면
좋아하는 일이라면
묻지도, 따지지도 않고

머뭇거리지도, 망설이지도 않는다

그러나 너는
'죽기밖에 더 하겠느냐'며
끝까지
아무것도 요구하지도
시키지도 않았다
내 청춘의 어느 하루

* 1980년대 가수 정수라의 '난 너에게'노랫말 중에서.
** 2010년대 광고 유행어

내 청춘의 어느 하루
-너의 총애

울고 싶을 땐 울어야겠는데
여전히 잘 울지 못한다

상처가 쓰리면 아파해야 하고
생살을 헤집으면
고통스럽게 몸부림쳐야 하는데

더더구나 죽음 앞에 서면*
한번쯤은 변명을 할 수도 있는데
살려달라며 비겁할 수도 있는데

어쩌자고 너를 말할 수가 없는가
끝내 배腹를 가르고 침몰 했는가

너의 총애를 받는 것이

목숨 내놓는 일이라는 것을,

* 필자는 2010년 1월 중증의 간염, 간경화, 간암으로 투병했었다.

내 청춘의 어느 하루
-존엄한 너에게

그래

너가 보고 싶었어

잠이 올 턱이 있나

새벽 네 시의 질주

새벽 네 시의 유랑流浪

내가 있는 천한 이곳에

너가 있을 턱이 없었지

세상의 미천한 곳은 항상 적막했고

기침소리조차 눈치 보였고

너는 늘 세계의 꼭지점인 듯

존엄했지

내 청춘의 어느 하루

나는 폐가廢家처럼 허물어지고 있었다

그래도 온전한 것이 있다면

눈꼽만큼이라도 남아 있다면
그것마저 너의 것이다
존엄한 너에게 바치는
내 붉은 속마음일 뿐이다.

내 청춘의 어느 하루
-받을 수 없더라도

민들레 꽃 한 송이 보내줄까
냉이 한 뿌리 부쳐줄까
씀바귀,
엉겅퀴도 있는데…

너가 받을 수만 있다면
아니다
받을 수 없더라도
보내겠다

너가 받지 못해 그것들이
어느 시절, 어느 모퉁이에서
또 처박힌다 해도
더 볼품없이 말라비틀어진다 해도
민들레 꽃이든

냉이 한 뿌리든
너에게 보내겠다.

내 청춘의 어느 하루
-느닷없이

 소낙비가 왔다 오전 10시쯤 또 오후 3시쯤 소낙비가 너처럼 예고 없이 왔다가 준비할 만하면 느닷없이 또 그치고 아무 일도 없었는 듯…

 너인가 해서 소낙비를 맞다가 아닌 줄 알아도 또 너일 수도 있겠다해서 긴 여름 하루 내내 소낙비를 맞다가.

내 청춘의 어느 하루
-잘 가라 1991년이여!

목도리를 하고 단추를 채워도 바람은 어딘가로 살갗을 에인다

12월의 마지막 날 저 서둘러 어디론가 돌아가는 사람들의 뒷모습뒤로 쏟아지는
  시린 불빛 같은 이별
  잘 가라 1991년이여!

내 청춘의 어느 하루
-함부로 말 할 수 없는

너 없는 삶을 살아간다는 것이 무슨 의미가 있겠느냐만

나의 아픔이 너에게는 치유가 되거라
나의 쓰라림이 너에게는 기쁨이 되고
나의 이 깊은 절망이 부디 행복이 되거라
나의 쓸쓸함, 고통, 황폐함,
이 피폐함조차
너에게는 위로와 안식이 되거라

함부로 말할 수 없는 사랑이 되거라.

내 청춘의 어느 하루
-흔적조차 없어도

너의 발아래 무릎을 꿇고
너의 말에 무조건 순종할 것이다

너의 웃음은 너의 것이나
너의 눈물은 나의 것이다

너가 신호를 보내면
하늘을 물어뜯을 것이고

그러다 흔적조차 없어도
그만이다.

내 청춘의 어느 하루
-나의 너는

생명이 있는 모든 것들은

소멸된다

생자필멸生者必滅

그런데 어찌하여

생명이 있는

나의 너는

불멸不滅인가?

■ 후기

묻고 답하다 自問自答

1
내 시에서 가면을 걷어내면 뭐가 남을까.
위선을 벗기면 남는게 있을까 거짓을 들어내도 시가 될까?

가면을 표현인양, 위선을 지식인양, 거짓을 양심인양 은유와 직유, 비유와 상징, 추상, 난해로 포장하고 비틀고 숨기고 한 것은 아닐까.

이쯤에서 걷어낼 수 있을까 그것들을 벗기고 들어낼 수 있을까
내 시에서 내 삶에서 그것들을 들어내면 남는 것이 있을까

이런 내 생각이 제발 어리석기를, 틀리기를, 언제 또 바뀌기를,

시력詩歷 40년, 이 뒤늦은 아둔함에
평생이 유랑流浪이다.

2
권력과 자본으로부터 자유롭지 못하다면 창작의 자유를 주장하거나 누리려는 생각은 이율배반이다.

문학의 자유, 이를테면 표현의 자유란 스스로 권력과 자본으로부터 자유로워야 가능하기 때문이다.

문학(예술)은 생래적으로 모든 것으로부터의 자유이다. 그래서 춥고 배고프고 고독하고 외로움의 길이다. 그렇게 생애를 걸거나 목숨을 걸거나 대결하면서 표현하는 일이다.

나는 그럴 자신도 용기도 없어 지금까지도 어정쩡한 시인이다. 내가 시를 쓰지 않은, 쓰더라도 발표하지 않은 이유이기도 하다.

삶에는 정답이 없고 길은 스스로 만들어 가는 것이라고 합리화하면 고민할 이유도 없고 만사형통이다.

화낼 일도 분노할 일도 없을것이고 단 한 줄의 시에 목숨을 걸지 않아도 되고 단 한 편의 시에 생애를 걸지 않아도 된다.

무림의 시대는 이제 영영 오지 않을 것인가.

윤승천

일출

초판 1쇄 | 2024년 12월 27일

저 자 | 이승하 · 윤승천
발행인 | 윤승천
발행처 | (주)건강신문사

등록번호 | 제25100-2010-000016호

주 소 | 서울특별시 은평구 가좌로 10길 26
전 화 | 02)305-6077(대표)
팩 스 | 0505)115-6077 / 02)305-1436

인터넷건강신문 | www.kksm.co.kr

ISBN 978-89-6267-102-5 (03800)

◆ 잘못된 책은 바꾸어 드립니다.
◆ 이 책에 대한 판권과 모든 저작권은 (주)건강신문사에 있습니다.
◆ 허가없는 무단인용 및 복제 · 복사 · 카페 · 블로그 · 인터넷 게재를 금합니다.